AF338685

LE PAVILLON FRANÇAIS

DANS

LA NOUVELLE-CALÉDONIE

Imprimatur.

Lyon, le 24 août 1871.

L. Pagnon, *vic.* *gén.*

LE PAVILLON FRANÇAIS

DANS LA

NOUVELLE-CALÉDONIE

PAR

RONDY-CHATELUS

HOMME DE LETTRES

PARIS

FÉLIX GIRARD, LIBRAIRE ÉDITEUR

Rue Cassette, 30

LYON, MÊME MAISON, RUE SAINT-DOMINIQUE, 6

—

1871

LE PAVILLON FRANÇAIS

DANS

LA NOUVELLE-CALÉDONIE

I

Déclaration de M. l'abbé Chatelus. — Ce qu'il désire.

AU GOUVERNEMENT FRANÇAIS.

Je vins de la Nouvelle-Calédonie en 1851. J'apportai des documents sur cette grande île pour engager le gouvernement français à planter sur ces rivages lointains le drapeau de la patrie et déjouer le dessein qu'avait l'Angleterre d'en prendre possession. Ces documents, revêtus de la signature de mon supérieur, furent pris en considération.

Et aujourd'hui j'ai la joie de voir la France posséder une magnifique colonie; c'est là ma plus douce récompense, la seule que j'aie ambitionnée.

Cependant j'aurais une autre joie, si le gouverne-

ment français daignait témoigner sa haute bienveillance à mon neveu Matthieu-Joseph Rondy-Chatelus.

Signé : L'abbé CHATELUS (1).

(1) Le titre que possède Rondy-Chatelus, neveu de l'abbé Chatelus, a été reconnu par le gouvernement français en juillet 1870.

II

Naissance de M. l'abbé Chatelus. — Ses premières années dans le sacerdoce. — Son départ de France. — Son retour. — Ses plans ou documents. — Courage et dévouement du missionnaire.

M. l'abbé Chatelus est né à Saint-Marcel-d'Urphé, arrondissement de Roanne (Loire), le 12 octobre 1812. Ses premières années dans le sacerdoce furent consacrées au ministère paroissial dans plusieurs communes des départements du Rhône et de la Loire.

Je viens aujourd'hui combler la principale lacune de l'histoire de la Nouvelle-Calédonie.

Ce fut 23 octobre 1847 que M. l'abbé Chatelus s'embarquait à Marseille à bord du *Stella del Mare* pour se rendre dans la Nouvelle-Calédonie. Il y arrivait en 1848.

La mission ne devait pas jouir longtemps de son généreux concours. C'est en 1850 que M. l'abbé Chatelus partit de Port-Jackson pour revenir en France.

Il y arrivait au commencement de l'année 1851.

C'est à cette époque que la France recevait et par conséquent acceptait les précieux documents.

La France, c'est-à-dire sa patrie, c'est elle qui devait posséder et par suite jouir des précieux travaux de cet homme courageux.

A M. l'abbé Chatelus appartient donc la gloire d'avoir, par ses plans ou documents, procuré à la France la possession de la Nouvelle-Calédonie; d'avoir fait connaître le dessein de l'Angleterre qui voulait s'en emparer.

Poussé par une idée invisible, désireux, de son côté, de pouvoir se vouer à cette belle œuvre de civilisation chrétienne, il prenait la ferme résolution de s'y consacrer définitivement. Il abandonna donc la carrière paroissiale pour embrasser celle des missions, carrière pénible et ardue.

Pour le missionnaire, que lui importe les peines et les fatigues de sa nouvelle carrière? Il ne désire que de pouvoir être utile à ses semblables en leur enseignant les vérités évangéliques, vérités qui ont produit et produisent encore de nos jours de si merveilleux résultats.

Il part pour ces missions lointaines, missions qui ne sont point sans dangers; c'est lui ordinairement qui pénètre le premier dans ces contrées féroces et inhospitalières. Qu'y va-t-il faire? Il y va planter son drapeau, c'est-à-dire la lumière et la civilisation.

Apôtres de la parole du Christ, dépositaires de sa croyance, propagateurs de sa loi, votre drapeau a fait le tour du monde, il a civilisé les nations et les peuples; votre courage est à la hauteur de votre héroïsme, votre désintéressement et votre dévouement sont dignes d'admiration! Votre loi et votre croyance ont pu seules se maintenir d'âge en âge, de génération en génération, parce qu'elles sont la lumière, la vie et la vérité.

III

Fête donnée au *Stella del Mare* ayant à son bord M. l'abbé Chatelus, plusieurs de ses confrères et quelques religieuses. — Port
d'Apia, île Upolu, archipel Samoa ou des Navigateurs. — Notice historique.

Il y avait longtemps que la mission d'Upolu n'avait
pas de nouvelles de France, lorsque tout à coup, le
22 avril 1848, veille de Pâques, elle vit arriver le
Stella del Mare, qui avait à son bord l'abbé Chatelus,
plusieurs de ses confrères et quelques religieuses.

Leur joie fut grande : ils apprenaient des nouvelles
de la France, ils pressaient dans leurs bras des confrères et des amis. Ils réglèrent tout pour la grande
cérémonie de Pâques, qu'ils célébrèrent le lendemain.
Leur église, qui leur a coûté tant de fatigues, était
bien ornée, grâce aux bonnes Sœurs qui leur avaient
fourni tout ce qu'elles avaient de plus beau. Le lendemain, à dix heures, tout le monde s'y rendit : il y
avait douze missionnaires, six frères, douze religieuses. Tous les naturels étaient réunis, les catholiques
dans l'église, les protestants regardant par les fenêtres. La grande messe fut chantée solennellement.
On fit la procession en dehors de la chapelle, dans un
ordre parfait et par un temps magnifique.

L'endroit ne pouvait être plus convenable : la procession se déroulait sur les bords de la mer, à l'ombre
de grands cocotiers ; le bruit des vagues venait se
mêler aux chants de joie. Tous les naturels étaient
ravis d'admiration, et leurs cœurs tressaillaient d'al-

légresse de se voir ainsi réunis pour célébrer une si grande fête. A l'élévation, on hissa le pavillon national au sommet d'un cocotier, et au même moment le canon du navire annonça par douze fois l'apparition du Seigneur sur cette terre étrangère. La messe finie, chacun se retira.

Mais voilà que bientôt il faut se séparer : le *Stella del Mare* appareille le 4 du mois de mai pour la Chine.

UPOLU. — Cette belle île, l'égale de Tahiti par la beauté de ses sites, est à trente lieues de Tutu-Ila, autre île de l'archipel des Navigateurs. Elle a dix-sept lieues de long, et sa population était évaluée, il y a plus de vingt ans, à quarante mille habitants. Sa fertilité est telle qu'un insulaire ne travaille pas une heure par semaine pour se nourrir avec toute sa famille. Comme elle est toute bordée de récifs, la mer, brisant contre eux la fureur de ses flots, ressemble, quand elle arrive à Upolu, à un lac paisible.

La plage sablonneuse qui touche immédiatement au rivage est toute couverte de cocotiers et d'arbres à pain. On dirait tantôt d'immenses promenades alignées à dessein, tantôt des salles de verdure. C'est sous leurs frais ombrages que sont parsemées les cases. Rien de plus simple que leur architecture : une palissade de roseaux, de bambous ou de pieux sert de mur ; des nattes qui couvrent la terre tiennent lieu de plancher. Le vent souffle à travers la palissade. Ce genre de construction convient à merveille dans un pays où règne un printemps éternel, et où jamais les arbres ne se dépouillent de leur feuillage.

Derrière les cases sont des plantations de papayers,

de bananiers et d'autres arbres qui forment comme des jardins anglais traversés par une foule de petits sentiers. Après ces plantations viennent les champs d'ignames, de cannes à sucre, de patates, de taros, d'ananas, arrosés par de jolies rivières. Le fond du tableau est formé par des collines couvertes de pamplemousses, de frênes, d'hibiscus, des pendanus et d'autres arbres entremêlés de lianes qui flottent au gré des vents, ou grimpent sur le sommet des arbres et les tapissent de leurs fleurs et de leur verdure. Les forêts foisonnent de merles, de pigeons, de rossignols, de perruches, d'oiseaux-mouches, de martins-pêcheurs. Tel est l'aspect général du pays.

IV

Vallis. — Ile Ouvéa. — Type et caractère des Vallisiens. — Notice historique.

VALLIS (île Ouvéa). — Vallis, appelée Ouvéa par les naturels, est une île plate, quelque peu montagneuse, et environnée de quelques îlots dont plusieurs seulement sont habités.

Les insulaires de Vallis n'ont jamais été cannibales par goût ; seulement ils avouent, non pas sans honte, l'avoir été autrefois par nécessité. Mais s'ils épargnaient leur propre sang, ils ne ménageaient pas celui des étrangers ; plus d'une fois ils ont brûlé de grands navires et massacré leurs équipages.

On leur reproche aussi d'avoir été voleurs ; mais aujourd'hui ils aimeraient mieux, je crois, se laisser tuer que de dérober une épingle.

Ils sont très-intelligents et très-curieux d'apprendre ; aussi les catéchumènes, après deux mois d'instruction, sont-ils, pour la plupart, assez au courant de la doctrine chrétienne.

L'île de Vallis a près de dix lieues de tour ; elle est environnée de plusieurs îlots, et par delà enfermée dans une ceinture de récifs qui ne laisse d'entrée aux navires que par une passe étroite.

Au physique, le type des Vallisiens se dessine avec une certaine grandeur ; leur physionomie, généralement noble et bien caractérisée, diffère peu de celle des Européens ; leurs longs cheveux flottant sur les épaules, ou crêpés autour de la tête en forme de turban, donnent une expression à la fois originale et fière à leurs traits basanés.

Ils ont pour vêtements, depuis les aisselles jusqu'aux pieds, une grande tape qui enveloppe plusieurs fois le corps, avec une natte fine, serrée autour de la taille par une ceinture de corde. On remarque qu'ils ont presque tous le petit doigt de la main coupé, mutilation qu'ils s'imposent en l'honneur de leurs dieux.

C'est aujourd'hui le seul vestige qui leur reste de leurs anciennes superstitions.

Ce qui distingue surtout les indigènes de Vallis, c'est leur goût prononcé pour la musique. On peut dire qu'ils chantent continuellement, soit qu'ils travaillent, soit qu'ils marchent, soit qu'ils portent des fardeaux, ou qu'ils prient.

L'harmonie a pour eux tant d'attrait, qu'ils lui sacrifient volontiers les heures destinées au repos ; on dirait qu'après avoir porté le poids du jour et de la chaleur, ils se délassent mieux au charme de leurs accords que dans le calme d'un paisible sommeil.

Dans les belles soirées d'été, lorsque l'île est rafraîchie par la brise et qu'un astre plus doux a remplacé le soleil des tropiques, alors la population se réunit dans quelques sites gracieux, sous un grand arbre, ou à la porte de l'église.

Là, nos vieillards s'asseyent sur des nattes ; à quelque distance, la jeunesse prend place sur la pelouse par groupes de cinq à six personnes rangées en cercle et tournées en face les unes des autres : ces groupes sont autant de chœurs de musiciens et de musiciennes parfaitement exercés. Quoique les Vallisiens aient presque tous de très-belles voix, n'est pas admis qui veut à prendre part au concert ; il n'y a que ceux dont l'organe, reconnu pur et flexible, se prête avec plus de bonheur aux effets de l'harmonie.

Alors chaque chœur se fait entendre tour à tour : les uns répètent sans cesse le refrain, les autres font le chant, ou donnent une expression plus animée au récitatif; et ces accords se succèdent ainsi durant la nuit entière, sans autre interruption que les applaudissements des auditeurs. Si l'on remarque dans les voix beaucoup d'ensemble et de mesure, on est encore plus frappé de l'immobilité et du calme imperturbable des musiciens. Quoique les chants soient parfois dans le genre comique, et qu'ils excitent les éclats de rire de toute l'assemblée, on ne voit jamais le plus léger mouvement dans la physionomie de ceux qui exécutent.

Quand le motif est triste, des larmes coulent quelquefois de leurs yeux, mais sans que leur voix soit le moins du monde altérée. Le refrain, qui est d'ordinaire quelque mot nouveau introduit par les missionnaires dans leur langue, n'a souvent aucun rapport avec le reste du chant.

Outre ces concerts nocturnes, Vallis a encore des chants de promenade ou de marche. Il arrive souvent, le dimanche, que l'on entend tout à coup les hommes et les jeunes gens entonner leur leu (chant) avec des voix de Stentor.

Ils parcourent ainsi d'un pas grave les différents quartiers du village. Lorsqu'on les invite à entrer dans une maison pour y prendre le cava, ils acceptent, puis recommencent leur marche jusqu'à l'heure du chapelet ou jusqu'à la prière du soir.

Leur thème musical est presque toujours inspiré par la reconnaissance ou la religion. Ils mettent également en musique les histoires de l'ancien et du nouveau Testament, et toutes les vérités de la religion à mesure qu'ils les apprennent.

A Vallis, il n'existe aucune législation, aucun code pénal, point de tribunaux; et cependant toute la population se conduit bien par la seule grâce de Dieu.

Les délits, comme vols, sont presque nuls.

Quoique toutes les maisons restent ouvertes la nuit comme le jour, on n'entend jamais parler de vols.

Exemple : Les officiers d'un navire français voulurent éprouver les naturels sur ce point. Ils laissèrent traîner à dessein, sur le pont, des hameçons et autres objets capables d'exciter leur convoitise; mais les néophytes s'empressaient de les porter aux matelots, croyant que c'étaient des objets oubliés par mégarde.

Heureux peuple de Vallis, puisse la rude tâche des missionnaires continuer de porter des fruits ! Un pareil changement justifie le bon vouloir de ses habitants.

V

Groupe des Loyalty. — Ouvéa. — Lifou. -- Maré. — Missions.
— Leurs progrès.

Le groupe des Loyalty, situé à trente lieues à l'est de la Nouvelle-Calédonie, se compose de trois îles assez étendues, Ouvéa, Lifou, Maré, et de quelques petites îles qui sont les dépendances naturelles de celles-ci.

Les habitants de Lifou se trouvent maintenant dans l'aisance, depuis que l'on s'est occupé de l'industrie cotonnière, industrie qui a merveilleusement réussi dans cette contrée.

L'île de Lifou est située à six petites lieues d'Ouvéa ; elle peut avoir quatre mille habitants.

Maré. — Une chapelle a été construite dans cette contrée, pauvre chapelle de bois, mais décente, et assez spacieuse pour les cérémonies du culte.

L'eau manquait absolument à Maré, et on avait annoncé aux habitants qu'on arriverait à la trouver. On ne pouvait croire à une semblable merveille.

Le travail ne manquait pas de difficultés : il s'agissait de creuser un plateau de corail jusqu'au niveau de la mer. Malgré les dangers de l'opération, les catholiques, confiants dans la parole qu'on leur avait donnée, persistèrent à creuser.

A trente-quatre mètres de profondeur, l'eau jaillit soudain en abondance.

Le triomphe fut complet pour eux, et grand l'enthousiasme de toute la contrée.

Ce puits est d'autant plus précieux qu'il n'y a dans l'île, comme je l'ai dit en commençant, aucun ruisseau, aucune source ; la seule eau potable est celle qui tombe du ciel et que l'on conserve dans des trous de rocher.

On a perfectionné cette œuvre en y ajoutant une pompe ; quelques coups de barre suffisent pour amener l'eau dans un bassin, d'où elle s'échappe pour aller abreuver les animaux et fertiliser les jardins.

Ce sont autant de merveilles pour ces indigènes.

La maison des missionnaires est sur un plateau. Plus loin, il y a d'assez belles plaines plantées de cocotiers, de bananiers, d'ignames, de patates, etc.

Le coton y réussit aussi bien qu'à Lifou, et il est permis d'espérer que cette contrée jouira de la même faveur que ses voisins, que l'industrie cotonnière a mis dans une jolie aisance.

VI

Extrait d'une correspondance. — Arrivée de M. l'abbé Chatelus et du P. Goujon, son confrère, à l'île des Pins (Nouvelle-Calédonie). — Leur tentative d'établissement sur un autre point. — Leur traversée.

Ile des Pins (Nouvelle-Calédonie), Notre-Dame
de l'Assomption.

C'est un devoir et aussi une douce consolation pour moi de vous écrire du lieu même de ma mission. Je me plais à vous dire en commençant que le Seigneur nous a conduits ici par la main. Grâces lui en soient mille fois rendues! Sa tendre et miséricordieuse sollicitude à notre égard nous est un puissant motif d'encouragement et d'espérance. Avant de vous parler de l'île des Pins où je me trouve, je vous raconterai la tentative d'établissement que nous avons faite sur un autre point ; Votre Paternité trouvera dans ce récit une preuve nouvelle de la protection sensible dont nous couvre la divine Providence.

Le 27 mai 1848, veille de notre arrivée à Annatom, le P. Roudaire était parti à bord de *l'Arche d'alliance* pour Algan, l'une des îles Loyalty, dans l'espoir d'y fonder une mission. L'occasion paraissait des plus heureuses pour nous y introduire. M. Marceau (c'était le commandant de *l'Arche d'alliance*) avait ramené, quelques mois auparavant, à Algan, plusieurs naturels de cette île, qu'il avait trouvés disséminés çà et là dans l'Océanie. Il fut reçu en bienfaiteur, on lui fit des présents; je ne sais même si l'on n'alla point jusqu'à le porter en triomphe.

A son second voyage dont je commence à vous parler, il reconduisait encore à Algan plusieurs de ces malheureux habitants que des Anglais avaient enlevés de force pour les employer comme esclaves dans l'Australie, et que les ravisseurs, arrêtés dans ce projet par une loi récente, avaient abandonnés dans les rues de Sydney. Parmi ces insulaires que M. Marceau avait eu la charité de recevoir à son bord se trouvait le fils du chef même d'Algan.

On devait naturellement penser que ce chef se montrerait généreux, et que tant de services rendus à sa patrie feraient naître en son cœur quelque sentiment de reconnaissance. M. Marceau bien accueilli, le P. Roudaire devait être aussi bienvenu.

A Annatom, on connaissait tous ces motifs d'espérance. Le P. Rougeyron, provicaire et supérieur de la mission, crut devoir envoyer immédiatement des collaborateurs au P. Roudaire. J'eus l'avantage d'être choisi pour cette œuvre avec M. l'abbé Chatelus et le F. Joseph Reboul. Nous naviguâmes pendant deux jours par un vent favorable, et le 6 juin au matin, lorsque nous étions près d'entrer dans le port, nous vîmes tout à coup paraître *l'Arche d'alliance* qui en sortait. Les pavillons se baissent de part et d'autre; les deux navires s'approchent. Quel est notre étonnement lorsque nous entendons une voix nous crier : « Le poste n'est pas tenable ici; virez de bord. » Nous naviguâmes de conserve, et pendant la journée M. Marceau eut la complaisance de monter à notre bord pour nous instruire de ce qui venait de se passer.

Loin de recevoir des naturels d'Algan les marques qu'il avait droit d'en attendre, il avait failli être victime de la plus noire trahison.

Afin de mieux réussir dans leur infernal projet, ces insulaires avaient invité M. Marceau à une fête qui devait se donner pendant la nuit; là ils l'auraient massacré avec ses compagnons, tandis que d'autres cannibales se seraient emparés des hommes laissés à la garde du navire.

Heureusement M. Marceau eut connaissance de leurs sourdes menées; repoussant avec indignation leur invitation perfide, il ordonna de renvoyer sur-le-champ tous les naturels que la curiosité ou d'autres motifs moins innocents avaient amenés à son bord, et fit aussitôt lever l'ancre. Il sortait du port, comme je vous l'ai dit, lorsque la Providence permit que nous allassions à sa rencontre. Je ne sais jusqu'à quel point on eût respecté nos personnes si nous eussions abordé à cette côte barbare, mais pour le moins nos effets auraient péri par le pillage. Voilà ce que sont la plupart des insulaires qui habitent les trois archipels dout se compose le vicariat de la Nouvelle-Calédonie.

Pour le moment il n'y a peut-être que deux points où nous puissions rester en sûreté, et ces deux points nous les occupons, savoir : Annatom, dans les Nouvelles-Hébrides, et l'île des Pins, qui est une dépendance naturelle de la Nouvelle-Calédonie, dont elle n'est séparée que par un canal de quarante kilomètres.

Deux mois environ après notre retour d'Algan, nous sommes partis pour l'île des Pins, où nous sommes arrivés après une traversée orageuse.

Dès que les naturels avaient aperçu notre navire, ils s'étaient jetés à la nage, et déjà trois d'entre eux avaient gagné le bord. M. l'abbé Chatelus, armé de son lorgnon, considérait la terre, et de leur côté les trois sauvages regardaient avec étonnement ce petit instrument qui leur paraissait passablement curieux; ils voulaient le toucher et essayer aussi de s'en servir.

Le premier se ferme hermétiquement les yeux, puis braque le lorgnon, le tourne et le retourne dans tous les sens, et reste tout surpris de ne rien voir.

Le second est plus habile, il a deviné le secret; il ouvre l'œil droit et présente le lorgnon devant le gauche qu'il tient fermé avec soin, et il ne sait pourquoi il n'y voit rien du tout.

A nos éclats de rire, le troisième comprit leur erreur; il saisit à son tour la lunette, écarquille ses deux grands yeux, et il voit passer devant lui des merveilles qui lui arrachent des exclamations de joie et d'admiration.

Nous avons pris possession de l'île des Pins le 15 août 1848, et nous avons fait en ce jour la consécration à Marie. Sa population était peu considérable à cette époque. Sans doute son nom lui vient des immenses forêts de pins qui couvrent ses rives.

Tout près de nous, sur le revers de la montagne, ces arbres s'élèvent en grand nombre, et semblent avoir poussé providentiellement pour nos besoins actuels; c'est là que, tour à tour bûcherons ou scieurs de long, nous préparons les bois nécessaires à notre logement. Cette construction sera notre affaire principale pendant près de six mois.

Vous conviendrez que c'est tendre d'une manière assez éloignée au but apostolique qui nous a amenés sur ces côtes.

Mais il faut commencer par là, les cases que nous offrent les naturels sont pour nous inhabitables. Du reste, le pays est sain, et nous jouissons d'une bonne santé. Nous voilà reçus en adoption par les indigènes ; ajoutez à cet avantage la bienveillance du grand chef, qui, dans notre première entrevue, nous a concédé un emplacement pour notre maison et la liberté de couper les bois qui nous seraient nécessaires, et vous aurez ainsi la mesure des faveurs dont nous sommes entourés à l'île des Pins. Ce grand chef réunit dans ses mains toute l'autorité, et reçoit de son peuple des honneurs extraordinaires ; nous fûmes étonnés, dans la première visite que nous lui fîmes, des témoignages de respect qu'on lui rendait. Une foule de naturels, vieillards, hommes, femmes et enfants, s'étaient rassemblés dans sa cour pour nous voir ; notre costume, notre teint blanc, notre facilité à nous conformer à leurs usages, tout en nous excitait leur admiration.

Mais lorsqu'à leur tour ils se présentaient devant le chef, ils marchaient profondément courbés, la tête basse et les deux mains enlacées derrière le dos.

En attendant qu'un long séjour nous ait initiés au caractère et aux usages du pays, je puis vous donner les petits détails suivants que j'ai lieu de croire exacts.

Les habitants de l'île des Pins paraissent appartenir à la race polynésienne, la plus intelligente et la moins féroce de toute l'Océanie.

Les insulaires de cette contrée sont de couleur presque noire ; les hommes ont la taille haute et bien prise ; leur regard n'a rien de farouche ; en un mot, l'ensemble de leur personne ne présente pas mal. Ils vivent entre eux dans la paix et l'union.

VII

Ile des Pins (Nouvelle-Calédonie). — Topographie et aspect de
l'île. — Prise de possession. — La mission.

L'île des Pins, appelée Kunié par les indigènes, est
située à la pointe sud-est de la Nouvelle-Calédonie, dont
elle est séparée par un canal de quarante kilomètres
environ. Cette île est de forme presque ronde et n'a
pas plus de dix lieues de tour. Le sol, coupé sur le
rivage par de nombreuses vallées, s'élève graduelle-
ment, et forme à l'intérieur un plateau boisé d'où s'é-
chappent plusieurs petits ruisseaux. Il est généralement fertile dans toute son étendue.

L'igname, le taro, la banane et la canne à sucre y
croissent en abondance ; on a aussi implanté le maïs,
l'orge et la plupart des légumes d'Europe ; le froment
lui-même, qui ne vient pas dans les zônes tropicales,
paraît s'acclimater à l'île des Pins, et la vigne ne pourra manquer d'y réussir.

Outre les pins, les bois de fer et autres variétés
particulières aux régions des tropiques, l'île des Pins
est riche en bois de sandal, espèce de bois blanc qui
exhale une odeur aromatique, et dont les Chinois se
servent pour confectionner de petits objets de curiosité ou composer leur huile de senteur.

Les forêts sont peuplées d'un assez grand nombre
d'oiseaux ; les plus communs sont les pigeons et une
espèce de bec-figues, qui vivent de baies sauvages,

et que l'on prend en grand nombre, au moyen de filets, à l'époque de la maturité des fruits. Du reste, il
n'y a aucun autre quadrupède que ceux introduits
par les Européens, aucun animal malfaisant, aucun
reptile, sinon le lézard. L'île, avec sa ceinture d'î-
lots, ses montagnes boisées et ses belles vallées livrées
à la culture, est un riche et charmant séjour.

La chaleur y est tempérée par les brises de mer, et
son climat est réputé le plus sain de toute cette partie
de l'Océanie.

On a, dans cette partie de l'île, ouvert des routes,
défriché plusieurs champs, creusé des canaux d'irri-
gation, fait des plantations nombreuses, introduit la
culture des plantes étrangères, et on a, par ce moyen,
amené l'abondance dans le pays.

Les missionnaires ont, sans autres instruments que
leurs bras, formé à travers les roches une chute d'eau,
où ils sont établi une scierie qui a fourni depuis les
matériaux nécessaires à la construction des maisons,
et qui fut d'un grand secours à la colonie française
lorsqu'elle vint s'établir dans la Grande-Terre en 1854,
c'est-à-dire à Port-de-France.

La mission. — C'est le 12 août 1848 que les missionnaires prirent possession de l'île des Pins, et le 15 ils
dédiaient leur mission à Notre-Dame de l'Assomption.

M. l'abbé Chatelus eut l'avantage d'être un des fon-
dateurs.

Il n'est personne qui, en lisant dans sa jeunesse
l'histoire de Robinson Crusoé, ne se soit figuré le site
enchanteur qu'il avait choisi pour y placer son habitation ; chacun a rêvé une jolie maisonnette placée sur

une éminence, au flanc d'une montagne, avec une pente douce du terrain jusqu'à la mer, un joli ruisseau d'eau limpide coulant près de la maison, un jardin portant des palmiers, des cocotiers, des fleurs, des oiseaux, des perroquets dans les arbres ; chacun s'est figuré tout cela. Eh bien ! ce rêve de l'imagination existe ici réellement, et le lieu choisi par les missionnaires dépasse tout ce que l'on peut imaginer en ce genre ; il réunit toutes les conditions d'utilité et d'agrément que l'on puisse désirer. Mais aussi les Pères ne se sont pas pressés : en arrivant à l'île des Pins, ils s'établirent dans une case enfumée de sauvages, pour avoir le temps d'examiner le terrain et de bien choisir leur emplacement. Ils commencèrent par faire la route ; ils débarrassèrent ensuite, sur une grande étendue, le terrain qu'ils avaient choisi de tous les arbres et broussailles qui le couvraient ; ils le nivelèrent et bâtirent leur maison, une vraie maison en pierres, à un étage, ayant un escalier, des planchers, des fenêtres vitrées, une couverture en zinc ; ils firent tout cela eux-mêmes.

Puis ils allèrent à la recherche de la source qui coulait dans le ravin voisin ; ils se glissèrent à plat ventre sous les broussailles, à travers les ronces, les pierres et les lianes, et lorsqu'ils eurent bien reconnu la source et sa situation, ils la détournèrent et la canalisèrent à leur profit. Véritable travail de Romains : ils brisaient le rocher lorsqu'il fallait le traverser, ils rapportaient des terres lorsqu'il fallait combler un vide, et, à force de travail et de patience, ils conduisirent l'eau dans le voisinage de leur habitation.

Là, ils créèrent une autre merveille : ils firent un bassin de plus de cinquante mètres de longueur, bassin non creusé en terre, mais obtenu en élevant au contraire ses bords au moyen de terres rapportées ; et pour faire un travail aussi étonnant, à quatre hommes, ils n'avaient même pas une brouette. Ils avaient fabriqué des espèces de paniers en osier, avec lesquels ils transportaient la terre sur leurs épaules.

Ce bassin avait pour but de leur donner une chute d'eau propre à faire marcher une scierie mécanique, autre merveille qui leur coûta bien du travail.

L'endroit où devait tourner la roue hydraulique était embarrassé par un gros rocher très-dur, et pendant longtemps les naturels regardèrent avec mépris des hommes assez fous pour passer leur temps à casser une grosse pierre : pour eux, c'était le comble de la folie ; mais aussi leur stupéfaction et leur admiration furent au comble, lorsqu'ils virent la scierie marcher toute seule et fendre en un instant les plus gros arbres de leur île. Au moyen de cette scierie, les Pères purent se procurer les bois qui leur étaient nécessaires ; ils construisirent d'abord une chapelle provisoire, espèce de grange couverte en chaume, aussi pauvre à l'intérieur qu'à l'extérieur, et n'ayant que la terre battue pour plancher. Mais depuis une nouvelle église a été terminée, véritable monument, ayant des murailles en maçonnerie d'une épaisseur très-grande, un plancher, un chœur à balustrade, une tribune, une toiture en zinc : c'est, sans contredit, un édifice très-convenable.

Les missionnaires ont également créé des écoles, des hangars, des jardins, des dépendances ; ils ont construit une grande case, espèce d'hôpital pour les vieillards ; enfin ils ont aligné à droite et à gauche de leur maison les cases des naturels, ce qui produit le plus joli et le plus pittoresque effet que l'on puisse imaginer.

D'après cette notice, il sera facile au lecteur de pouvoir apprécier ce superbe et magnifique début dans cette contrée. La variété de son sol, ses vallées, ses bois, ses plantations si diverses, ses constructions, ses nouvelles voies de communication, en un mot toutes les richesses que j'ai énumérées en font un endroit agricole, commercial et industriel de premier ordre.

VIII

Prise de possession de la Nouvelle-Calédonie. — Le pavillon français. — Nouméa, le chef-lieu, et son origine. — Sa situation.

C'est le 24 septembre 1853 que M. le contre-amiral Febvrier-Despointes, commandant en chef des forces navales françaises dans la mer Pacifique, prenait, au nom de la France, possession de la Nouvelle-Calédonie.

Ce fut à Balade que, pour la première fois, notre pavillon national eut la gloire d'être arboré. Balade est situé presque à l'extrémité nord-est de la grande île. Dans la suite de mon ouvrage je dirai quelques mots sur cette contrée.

L'année suivante, M. de Montravel, capitaine de vaisseau, choisissait Nouméa, près la pointe sud-ouest de l'île, pour y fonder le premier établissement colonial.

Plusieurs voyageurs n'ont pas approuvé ce choix comme chef-lieu d'une aussi magnifique possession, mais comme port, rade et stratégie militaire, je crois qu'il serait difficile, et même je pourrais dire impossible, de pouvoir choisir un autre emplacement qui réunisse les conditions désirables.

La France, on le sait, possède plusieurs autres colonies, mais dans plusieurs il lui est impossible d'avoir ce port, cette rade et cette stratégie militaire de Port-de-France ou Nouméa.

On fait prévaloir le manque d'eau dans cette partie

de l'île, cela est très-vrai ; que le sol ne permet point de pouvoir y avoir de grands établissements agricoles, cela est encore vrai. Quelques mots encore sur cet endroit feront mieux comprendre l'importance immense qu'il y a à posséder ce point essentiel.

Port-de-France ou Nouméa est situé près la pointe sud-ouest de la Nouvelle-Calédonie, plus au sud que le port Saint-Vincent.

Il est vrai que c'est le lieu le moins favorisé de la Nouvelle-Calédonie, et par conséquent l'un des moins beaux, quoique sous ces deux rapports il ne soit pas à dédaigner ; mais c'est incontestablement un port magnifique. Fermé en avant par une île qui a plus d'une lieue de long, il comprend de nombreuses baies, larges, profondes et bien abritées ; il est d'une très-facile défense.

D'après ce que je viens d'exposer, l'on peut juger si la France, en possédant Port-de-France comme chef-lieu, n'est pas considérablement dédommagée de ce qui lui fait défaut.

Il est vrai que cet établissement, par sa situation, ne se trouve point placé à proximité des principales stations de la Nouvelle-Calédonie ; mais il serait facile de pouvoir y remédier. Je suppose que l'on fonderait, dans la Grande-Terre, une annexe ou, si l'on veut, un nouveau chef-lieu plus commode et mieux situé, cela est très-facile ; mais comme point de défense que l'on n'abandonne jamais Port-de-France.

Pour compléter ma description, voici à peu près l'aspect de Port-de-France ou Nouméa.

Lorsque M. de Montravel jetait en 1854 les fondations de Nouméa, cet officier supérieur fut naturellement frappé du point de défense ainsi que du port de cet endroit, deux conditions admirablement remplies par le site de Nouméa.

Que l'on s'imagine, je suppose, une longue presqu'île montueuse ; son extrémité, profondément échancrée, contournant une baie dont l'ouverture est en grande partie formée par un île allongée, l'île Nou. Dans ce port, les navires sont complètement à l'abri ; les blockhaus placés à l'extrémité de la presqu'île ne sauraient être, dans de semblables conditions, entourés par des ennemis venant de l'intérieur, ni même surpris, car quelques sentinelles sur les hauteurs dominent la contrée.

D'après ce que je viens de dépeindre, l'on pourra juger de l'importance de cette position stratégique.

IX

La baie du Sud ou du Prony est admirable par son
contour et sa grandeur. Dans la baie du Sud on
voit un banc de belles huîtres d'excellente qualité.

Elle se trouve située entre deux rangées de montagnes verticales, et se termine par un ruisseau qui
coule au milieu du pays. Ce ruisseau, dont le nom est
Nécoutcho, se jette à la mer par une petite cascade;
ses bords sont couverts d'une végétation magnifique.

La partie sud de la Nouvelle-Calédonie est à peu
près exclusivement composée de blocs immenses de
minerai de fer qui couvrent le pays, matière inexploi-
téé en ce moment, mais qui est, pour l'avenir du pays
et de la France, une ressource immense de bien-être
et de richesse.

Une route a été tracée le long du Nécoutcho. Cette
route pénètre assez avant dans la forêt qui couvre la
montagne, et conduit à la région des kaoris ou pins
colonnaires.

Le kaori ou pin colonnaire acquiert dans ces contrées montagneuses des dimensions gigantesques.

Il s'élève d'abord en une colonne droite et sans branches à une hauteur de trente-cinq et quarante mètres
avec un diamètre à peu près constant d'un mètre

trente centimètres. Le kaori recèle abondamment une résine du même nom que le commerce utilise.

Dans la baie du Sud, on trouve les eaux thermales qui sont situées sur la rive gauche et à l'embouchure de la rivière Nécoutcho.

Elles sont chargées de sel que leur dissolution fait déposer sur tous les points où elles passent. Par suite de cette dissolution du sel, leur lit s'exhausse et par conséquent se déplace très-souvent.

Elles couvrent ainsi de leur dépôt la petite colline sur le côté de laquelle elles jaillissent et circulent avant de se jeter dans la rivière.

Ces eaux minérales et thermales seront très-probablement utilisées par la médecine.

Goro. — A Goro, on admire une superbe cascade : ses eaux s'élancent d'un seul saut le long d'une montagne presque verticale; elles y ont creusé au pied du rocher un bassin. A divers points de Goro, et principalement à l'île Kuebüni, cet endroit est chargé de pins colonnaires.

Chaque année on fait transporter au chef-lieu une quantité considérable de ces arbres, dont la plupart des îlots environnants sont, au reste, couverts.

On trouve également dans ces parages une racine très-précieuse appelée *morinda*, très-abondante au milieu des champs de la Nouvelle-Calédonie. Cette racine est d'autant plus précieuse qu'elle est une matière tinctoriale. Des expériences ont prouvé qu'elle fournissait une couleur jaune très-belle, qui passe elle-même au rouge dès qu'elle est traitée par des eaux alcalines.

La rivière d'Yaté est une des plus considérables de

l'île ; elle descend d'un groupe de montagnes de conformation éruptive, ferrugineuse et magnésienne ; sa source est sur les côtés mêmes du pic Humboldt, le plus élevé de l'île (seize cent quarante mètres d'élévation).

Ce n'est qu'après avoir suivi une longueur de quarante kilomètres environ, c'est-à-dire près de son embouchure, que cette rivière devient presque un fleuve arrosant une superbe plaine. Il est navigable pour de grosses embarcations, et forme une véritable baie en se mélangeant avec les eaux de la mer.

Sa longueur est de plus de cent mètres, et il coule entre deux berges verticales.

En remontant une quinzaine de kilomètres le cours pittoresque de la rivière d'Yaté, vous rencontrez la plaine des lacs. La décomposition des roches magnésiennes de son pourtour a donné à ce plateau un sol argileux et imperméable, que les eaux découlant des hauteurs environnantes ont constellé d'étangs et de lacs. Quelques uns de ces réservoirs, les lacs Latour et Néléatéa entre autres, ont plus d'une lieue de pourtour.

C'est vers le nord et le centre de la Nouvelle-Calédonie que se trouvent les points les plus élevés, et c'est aussi de là que partent les plus grands cours d'eau de ces parages :

La Tontouta, qui va se jeter dans la baie de Saint-Vincent ; la Dumbéa, la rivière Potchérouin, dont l'embouchure se trouve dans la baie des Pirogues ; et enfin la rivière d'Yaté.

La côte jusqu'à Nakéty offre toujours des montagnes qui passent ainsi d'un bout à l'autre de l'île, et se signalent par de magnifiques forêts de cocotiers.

Les bords de la magnifique baie de Nakéty sont

entourés de forêts où l'on exploite des bois de construction de première qualité. Les terrains environnants jusqu'à Hanala sont d'une prodigieuse fertilité. On commence en ce moment à y établir une petite cité.

Kanala. — La baie de Hanala n'est autre chose qu'un long canal d'environ six milles, s'élargissant à son extrémité pour y former un vaste port ; une belle rivière vient s'y jeter après avoir arrosé de spacieuses et fertiles contrées.

Dans cette contrée, on commence à travailler pour l'établissement des rues, routes, à tous les ouvrages que réclament le bien-être public et l'industrie de cette nouvelle contrée.

A partir de Nakéty et de Kanala, le sol est, en général, plus fertile, plus puissant, plus riche ; le cocotier s'y montre de toute part, élevant dans l'espace son tronc droit et flexible, chargé de ses précieuses noix.

Houagape. — La situation de Houagape est favorable aux établissements d'agriculture.

Il y a au bord de la mer une large plage plantée de cocotiers et arrosée par une belle rivière, la Tiwaka, qui parcourt une vallée très-fertile.

Le port est assez vaste.

Sur le pic d'Amoi, la géologie et la botanique ont fait de précieuses trouvailles.

Le port Saint-Vincent. — Au premier coup d'œil le port Saint-Vincent se présente sous un aspect magnifique ; son étendue est immense, et il est entouré d'une foule de baies qui offrent presque toutes un bon mouillage. Ce qu'on appelle le Hâvre-Trompeur n'est autre chose que la rade ; elle est très-belle, et pourrait elle-même très-bien abriter les navires. Dans les îlots avoisinant la passe du port Saint-Vincent, vous trouvez de riches mines de cuivre.

Le port Saint-Vincent est situé sur le côté ouest de la Nouvelle-Calédonie.

On remarque encore le pic Saint-Vincent (quinze cent quarante-sept mètres d'élévation), un des points les plus beaux et les plus remarquables de la Nouvelle-Calédonie.

Païta. — Païta, situé sur le côté ouest, à six lieues de la Conception, est un village habité par une population très-peu considérable.

Comme la contrée est riche, on peut croire qu'elle prendra de l'accroissement.

A une petite distance de Païta, on remarque la belle montagne de Mu, ayant douze cent dix-neuf mètres de hauteur.

Saint-Louis. — Un établissement y a été fondé, et c'est le plus considérable du vicariat.

Un terrain de trois mille hectares en forme l'étendue, dont une partie en montagnes, mais l'autre en plaines fertiles et bien arrosées.

C'est sur ce terrain que s'élève l'établissement de la mission.

Autour se sont venues grouper plusieurs familles ; elles forment un effectif de quelques centaines de personnes.

Une église a été bâtie à Saint-Louis ; c'est la plus belle de la colonie.

La maison de l'établissement, sans être somptueuse, est vaste et solide.

Une scierie lui fournit les bois nécessaires pour les constructions ; un moulin à eau lui sert en même temps à moudre le maïs et à décortiquer le riz. Une laiterie y est installée, qui lui donne beurre et fromage.

D'après la statistique de 1869, il y avait un troupeau de quatre cents bœufs ou vaches, de cinq cents moutons, de cent chèvres, un beau poulailler et un vaste jardin formant la richesse de cette station. Enfin une usine pour la canne à sucre y a aussi été installée ; cette usine a pu faire cette année-là trente tonnes d'un sucre si beau qu'il a été mis à l'exposition. Le journal de la contrée, *le Moniteur*, en a fait l'éloge.

On continue à faire planter par les jeunes gens cette précieuse graminée. Les familles blanches ou noires, à qui on a permis de s'établir sur le terrain même de l'établissement, les imitent ; et déjà ces colons trouvent chez eux un bien-être et une tranquillité qu'ils auraient peine à trouver ailleurs.

A côté de Saint-Louis on remarque le superbe et magnifique Mont-d'Or, avoisinant la baie du Balari ; il y existe de riches mines qui seront plus tard exploitées.

La Conception. — A côté de Saint-Louis est la Conception.

Cet établissement, quoique modeste encore, est appelé à quelque avenir, à cause de la beauté du site, de la richesse du sol et du voisinage de la ville de Nouméa (vingt kilomètres).

Dans la Nouvelle-Calédonie, les végétaux sont à peu près les mêmes dans toute l'étendue de l'île.

Les plus connus jusqu'à ce jour sont les suivants : les cannes à sucre d'une qualité supérieure, les bananiers, les tiges d'ignames et de patates douces ; le maïs et les autres légumes d'Europe y ont aussi été implantés ; les choux et la chicorée y sont en abondance ; les pommiers-cannelle, les figuiers, les carossoliers, les goyaviers, la vigne, les citronniers, les orangers, etc., etc.

X

Richesse des cases calédoniennes. — Le manteau. — La réunion.
— Le panorama. — L'édifice. — Le festin.

Presque toutes les cases des insulaires de la Nouvelle-Calédonie offrent, à peu près partout, le même spectacle, et le tableau n'est généralement que très-faiblement varié. Qu'y voit-on ? des casse-têtes, des faisceaux de zaguaies, des nattes roulées, quelquefois certaines bagatelles enlevées aux équipages massacrés; des filets, des hameçons en nacre ou en écaille de tortue pour la pêche ; des manteaux d'herbes pour se défendre du froid et de la pluie, voilà les richesses, les meubles et les ornements qu'on rencontre à peu près dans chaque case.

Vous seriez étonnés de l'art et de la patience que les femmes déploient à faire ces manteaux : assurément, cinq ou six mois doivent à peine suffire pour en achever un seul. La contexture, qui est admirable de travail et de finesse, fait le revers, ou, si vous voulez, la partie intérieure de la draperie. L'extérieur est une longue et épaisse chevelure d'herbes, que vous prendriez de loin pour une large fourrure; et quand les Calédoniens jettent sur leurs épaules ce manteau qui leur descend jusqu'à mi-jambes, vous vous rappelez involontairement Hercule sous la crinière du lion de Némée.

Aimez-vous une scène vive, un tableau animé de la nature ?

Choisissez pour les visiter, comme il est arrivé plusieurs fois à ceux qui visitent ces parages, l'heure du soir ou de la nuit, et approchez de ces feux dont vous voyez les rouges lueurs dans l'éclaircie des bois : là, vous les trouverez accroupis en grand nombre autour du brasier ; ils parlent, ils rient, ils mangent des coquillages après les avoir présentés trois ou quatre secondes à la flamme. — Epargnons-nous la supposition d'un festin de chair humaine. — Si donc vous êtes amateurs des sabbats nocturnes, venez surprendre, groupés de la sorte, quelques familles d'hommes, de femmes et d'enfants, les uns couverts du manteau dont j'ai parlé, les autres reflétant la lueur mobile des feux sur leur peau luisante et cuivrée.

Remarquez ces toilettes fantastiques, ces figures enluminées et ces yeux de panthères ; entendez ces éclats de rire sauvages, ces hurlements de bêtes féroces, tantôt isolés, tantôt réunis, et si vous vous rappelez alors avoir vu représenter quelque part cette scène de fantasmagorie satanique, il ne vous viendra certainement pas à la pensée que ce fût un tableau chargé.

Dans plusieurs endroits de la Nouvelle-Calédonie, le quartz semble en être la base. Le schiste et la serpentine existent en abondance sur les hauteurs. Du haut de ces montagnes, et quand on en atteint les sommets, vous jouissez d'un spectacle grandiose et enchanteur.

Autour, et sur un développement immense, au lieu des plateaux, des pics, des vallées et des gorges profondes de nos montagnes en France, c'étaient comme les vastes ondulations d'une mer soulevée, qui aurait été solidifiée tout d'un coup dans un moment d'orage.

Du haut de cet observatoire grandiose, l'on découvre, d'un côté, l'Océan avec tous ses îlots et ses récifs de coraux, qui se perdaient dans l'immensité de l'horizon ; de l'autre côté, l'on suit le cours d'une belle rivière dans les sinuosités d'une vallée qui est à la fois riante et riche.

Ses bords sont habités par une tribu appelée Balade.

J'ai déjà fait remarquer que Balade est situé à l'extrémité nord de l'île.

Le long des gorges, on voit le torrent, tantôt roulant sur les roches en gros bouillons d'écume, tantôt se précipitant en cascades ou se transformant en lacs paisibles et limpides, tantôt disparaissant avec de sourds murmures dans les profondeurs de la vallée.

Aux divers étages de ces montagnes, jusqu'à une certaine élévation, les naturels font à droite et à gauche du torrent, dont ils détournent quelques petits ruisseaux, des jardins en miniature, plantés de taros et entourés de fleurs.

La botanique a des ressources immenses dans les montagnes de la Nouvelle-Calédonie.

Un explorateur, en se promenant dans les bois, fut tout à coup tiré de sa rêverie par la rencontre d'une sorte d'édifice tout mystérieux.

C'était l'édifice du festin. Il se trouva en face d'une enceinte circulaire, formée de huit à dix colonnes élevées, toutes chargées de banderoles de couleur, et enjolivées, à leur sommet, de sculptures grossières. Chacune de ces colonnes était surmontée, en forme de chapiteau, d'un gros bouquet de plumes.

Evidemment c'était un *tapu*, c'est-à-dire qu'il est interdit de passer outre ; mais vous comprenez que la curiosité dut l'emporter chez l'explorateur sur le respect aux lois du pays, et il continuait d'avancer.

Dans l'épaisseur des bois, à quelques pas des colonnes, on avait pratiqué une éclaircie. Au milieu de cette éclaircie, qui formait comme un temple mystérieux, c'était l'autel du sacrifice, ou plutôt des offrandes. Sur quatre pieux plantés à hauteur d'appui reposait horizontalement une claie en bois, formant un carré long d'environ six pieds sur huit à dix; le treillis était chargé de fruits de toutes les espèces, de taros, d'ignames, de cannes à sucre, etc., etc., et tout autour étaient appendus aux branches d'arbres, par des nœuds de lianes, de beaux poissons, des tortues et des oiseaux.

Ecoutons l'explorateur : « Avec le moindre écart d'imagination, aidé de quelques réminiscences poétiques, il n'eût tenu qu'à moi de me croire au milieu d'un beau rêve, transporté dans une île enchantée, et servi mystérieusement par des génies. Je me contentai de jouir du spectacle d'un de ces festins étranges dont on m'avait déjà entretenu, en me disant que ces rencontres étaient fréquentes dans certains bois de l'île. »

Quelques généreux philanthropes demandent d'un air d'emphatique mécontentement s'il devait être permis d'aller troubler la conscience et la paix de ces peuples, qui vivent heureux à l'état de nature. Ce n'est là qu'un misérable paradoxe, mais ces déclamations trouvent quelquefois des dupes qu'il est bon de prévenir.

Non, la vie simple, égale et modérée dont on suppose à tort que jouissent les sauvages, au moral comme au physique, n'est qu'une suite de contrastes extrêmes et d'excès continuels; vous les voyez passer successivement d'une longue torpeur à une agitation violente, d'une indolence voisine de l'idiotisme à des emportements affreux.

Trouverait-on en Calédonie vingt femmes qui ne portent des traces, quelquefois horribles, de la vengeance brutale ou de la colère de leurs maris?

Est-ce une vie d'hommes raisonnables que cette guerre perpétuelle de tribu à tribu, où le vaincu sert impitoyablement de pâture au vainqueur, où, comme en Calédonie, telle tribu plus puissante descendra tous les quatre ou cinq ans chez telle tribu plus faible pour y faire une coupe réglée, dévorant la partie excédante du chiffre toléré de la population, et exploitant leurs semblables comme nous ferions d'un troupeau, lorsqu'ils n'exterminent pas la peuplade tout entière?

XI

HIENGUÈNE. — Des rochers immenses s'élèvent çà et là sur le rivage de Hienguène.

C'est au pied même d'un de ces monuments naturels que le Créateur a placés dans ces parages. Sa forme l'a rendu célèbre à la Nouvelle-Calédonie, où il est connu sous le nom de Tours de Notre-Dame, à cause de sa ressemblance avec les tours carrées et un peu massives de la cathédrale de Paris. Les grottes profondes qui s'enfoncent dans ces rocs sont d'un calcaire dur et marmoréen.

Le port de Hienguène est petit, mais sûr, et sous ce rapport cette contrée est précieuse. Aussi Hienguène est-il une des tribus les plus riches de l'île.

POÉBO. — Poébo est une grande tribu installée dans une plaine relativement importante, et qui a été formée par les dépôts alluvionnaires que des myriades de rivières, ruisseaux et ruisselets ont déposés depuis des siècles aux flancs des montagnes voisines ; il y a une magnifique plaine, et dans toute son étendue sont des allées de cocotiers innombrables.

A Poébo, une église est dans ce moment en construction ; elle sera la plus belle et la plus vaste du vicariat.

C'est le P. Gagnière qui a introduit dans les montagnes de Poébo la culture du tabac, et qui a appris aux indigènes la manière de le préparer. Cette industrie, en tirant les habitants de l'oisiveté, leur procure de quoi acheter des vêtements et des outils.

Dans les terrains de cette partie de l'île, les roches ont des ressemblances caractéristiques avec les terrains aurifères de l'Australie et de la Nouvelle-Zélande.

Au sortir de Poébo, en suivant la route, ou plutôt le sentier, dans la direction du rivage de la mer, sur une longueur d'environ douze kilomètres, vous trouvez une plaine large, fertile, bien arrosée, couverte de gras pâturages et de cocotiers; c'est là que pourraient s'installer, dans de très-bonnes conditions, des stations agricoles, car c'est une des parties de l'île des plus riches pour ce genre d'établissement.

Il a été fondé, il y a déjà bien des années, une mission à Poébo.

Elle est située à une demi-lieue de la mer, à l'extrémité d'une belle plaine; elle est placée sur le penchant d'une petite colline qu'ombragent de nombreux et grands cocotiers.

Tout près coule une jolie rivière que l'on peut remonter en embarcation à marée haute.

L'emplacement est on ne peut mieux choisi : coteaux, montagnes, vallées, tout est beau.

La mission, à son début dans cette contrée, a eu de grands travaux à exécuter. Ces travaux seront accomplis d'une manière satisfaisante. Elle n'a eu pour aides que les pauvres sauvages de la contrée, fort peu habiles, à cette époque, dans nos arts européens, comme vous pouvez le penser.

En France, les missionnaires n'étaient ni maçons, ni charpentiers, ni menuisiers, ni plâtriers ; en Nouvelle-Calédonie, ils sont tout cela.

A Poébo, ils ont construit deux jolies maisons avec rez-de-chaussée et premier étage. Elles sont faites en pierres et en briques, et couvertes en tuiles de leur fabrique. Ajoutons à cela une belle et grande case pour loger les jeunes gens qu'ils ont auprès d'eux, des écuries, une menuiserie, une forge, etc. Les travaux d'agriculture sont vraiment remarquables, et ce que je dirai de Poébo est également vrai des autres stations où les missionnaires sont établis depuis quelque temps.

Leurs plantations ont parfaitement réussi ; ils sont parvenus à introduire dans ce pays plusieurs légumes et fruits inconnus avant eux : le riz et le maïs viennent très-bien ; on a fait un essai de froment et d'orge dont on a été fort content.

Ainsi se préparent pour un avenir prochain des ressources à notre mission et des richesses à ce pays. Un autre succès : c'est dans l'élève du bétail ; à Poébo et ailleurs, la mission possède de beaux troupeaux de vaches, de moutons et de chèvres. Le blé et le vin ont également réussi.

Aujourd'hui les fatigues et les peines pour le missionnaire sont toujours grandes, mais du moins ils ont une nourriture saine et substantielle.

Baïao. — Baïao est à une lieue du blockhaus, près d'une belle rivière et sur un mamelon élevé. Ce lieu doit être cher aux missionnaires, car il a été sanctifié par bien des sueurs, des larmes et du sang. C'est là qu'ils ont tant souffert depuis le commencement de

1844 jusqu'à la catastrophe de juillet 1847. ¡Les Ka-nacks de la Nouvelle-Calédonie sont doués d'un vrai talent pour les irrigations ; ils savent faire monter l'eau sur les collines, sur les montagnes, pour arroser leurs plantations, qui sont bien cultivées.

Ils font déjà des échanges avec les étrangers, ou bien ils vendent leurs produits pour des dix sous ou des cinq francs, comme ils les appellent.

En un mot, ils commencent et finiront par devenir commerçants.

Il y a déjà bien des années que ce début a été fait, et vous pourrez juger avec quelle intrépidité la culture a été poussée dans ces parages si dignes d'inté-rêt et d'un si brillant avenir.

Le groupe des îles Bélep, situé à une petite dis-tance de l'extrémité nord de la Nouvelle-Calédonie, se compose de plusieurs petites îles et îlots dont les principales sont Art et Poot.

Art. — Art possède un joli port. La jolie monta-gne d'Art, avec ses beaux parterres de fleurs, ses al-lées d'arbres touffus, son heureuse disposition, fait de cet endroit un superbe et magnifique repos.

De temps en temps l'écho de la montagne vous ap-porte et fait entendre le résonnement des chants joyeux de ses habitants.

Poot. — L'église de Poot est en torchis, mais con-venable.

Le village, caché dans un fourré d'arbres à pain, de cocotiers et de cannes, est percé de rues droites et bien entretenues.

Voilà les îles Bélep, petites et simples, mais qui

sont appelées, par suite des dispositions de leurs habitants, à un certain avenir.

BALADE. — En longeant la plaine de Poébo, dont j'ai déjà parlé, vous arrivez à la tribu de Balade.

C'est dans cette tribu que fut, le 24 septembre 1853, arboré pour la première fois notre pavillon national, ainsi que je l'ai déjà dit en commençant mon ouvrage.

Lors de la prise de possession, les Français ont construit un fort à Balade, qu'ils quittèrent peu de temps après pour s'implanter, comme nous l'avons vu, à Nouméa, à l'autre extrémité de l'île.

D'un autre côté, un blockhaus y a également été construit.

Dans ce territoire, on a pu constater que les Calédoniens mangeaient de la terre, ainsi que d'autres voyageurs l'avaient observé; mais ils sont loin d'en ingérer de grandes quantités, ainsi qu'on le disait. Il n'y a que les femmes qui, dans certains cas de maladie, mangent de cette substance; les enfants, par suite d'imitation, en mangent parfois aussi, mais jamais plus que le volume d'une noisette.

Cette terre, qu'ils nomment *payoute*, n'a du reste aucune saveur, et comme, à la manière des stéatites, elle se convertit sous la dent en une poussière douce et tendre, elle n'a rien de désagréable. Cette matière a pour base le silicate de magnésie; un voyageur y avait trouvé des traces de cuivre, auxquelles il faudrait peut-être attribuer sa coloration verdâtre.

Elle est associée aux micaschistes et aux stéaschistes de ces parages, ainsi qu'à ces belles roches étincelantes de grenats et de beaux cristaux de mica, que l'on trouve dans ces parages avec tant d'abondance, et qui, excitant les esprits de plusieurs explorateurs, leur avaient fait préjuger que la contrée devait être riche en minéraux précieux. En tout cas, cette dernière et belle roche, qui se compose d'une agglomération de cristaux de grenats très-brillants, de larges plaquettes d'un mica vert de chrome, de feldspath albite et d'amphibole actinote bleuâtre, attend encore un nom de la science; elle n'a été trouvée qu'à Balade.

Le centre de la Nouvelle-Calédonie est très-montagneux, mais les chaînes principales courent dans le sens de la direction de l'île, pendant que les vallées et les cours d'eau lui sont perpendiculaires.

Une seule belle vallée, la plus grande de l'île, fait exception à cette règle; elle paraît prendre naissance derrière les montagnes qui séparent les tribus de Hienguène et de Poëbo, court au nord-ouest, suivant le grand axe de l'île, entre deux rangées de hautes montagnes, pour déboucher à la mer sur les confins sud de la tribu d'Arama.

Cette vallée a reçu des Européens le nom de Diahot, qui, dans le langage des naturels, signifie simplement grande rivière.

La vallée du Diahot. — Le Diahot possède à son embouchure un port petit, mais sûr, et les embarcations peuvent le remonter jusqu'à trente milles environ. Les rives de cette belle rivière sont légèrement accidentées, et forment des surfaces plus ou moins vastes, qui vont se raccorder en pente douce avec les montagnes environnantes.

De nombreuses forêts d'arbres élevés et d'essence

recherchée pourraient être facilement mises en exploitation, grâce à ces mille cours d'eau rapides qui représentent une force immense.

La vallée du Diahot est des mieux situées.

En second lieu, il est permis de penser et même de croire, d'après la nature des roches qui composent les montagnes qui bordent la vallée du Diahot, que l'on trouvera un jour de l'or dans ses alluvions riches et abondantes. Le jour où ce levier puissant viendrait en aide à la colonisation, on la verrait subitement sortir de sa stagnation, briser ses entraves et marcher d'un pas rapide à de nouvelles destinées.

C'est ce qui vient d'arriver (1).

(1) On vient de découvrir de riches mines d'or dans ces parages.

XII

Situation commerciale et industrielle de la Nouvelle-Calédonie.
— Son ensemble. — Sa superficie. — Topographie et aspect
de l'île.

La Nouvelle-Calédonie, par sa situation, se dirige
du nord-ouest au sud-est ; elle s'élève au dessus des eaux
en formant une bande de soixante-quinze lieues mari-
nes de longueur et large seulement de treize à quinze,
en permettant aux brises de la mer, qui sont les ali-
zés du sud-est, de circuler partout, rafraîchissant et
purifiant l'atmosphère : aussi le climat de cette colonie
est-il un des plus sains et des plus tempérés.

Cette appréciation que j'ai faite du climat, des sa-
vants distingués qui l'ont apprécié par eux-mêmes
ont pu s'en convaincre, et ils l'ont même affirmé dans
leurs ouvrages. Par conséquent, cela est bien prouvé,
que le climat de la Nouvelle-Calédonie est un des plus
salubres.

La superficie de la Nouvelle-Calédonie est de deux
millions d'hectares, c'est-à-dire cinq fois autant à elle
seule que nos trois possessions réunies de la Réunion,
de la Martinique et de la Guadeloupe (1) ; cependant ces

(1) La Réunion. . . . . 213,350 hectares.
    La Martinique 98,782
    La Guadeloupe et dépendances. . . . 108,590

                        Total : 420,722 hectares.

Le total des habitants dans ces trois colonies s'élevait, en 1864.
à 483,150, un peu plus d'un par hectare.

dernières terres ont actuellement un habitant par hectare.

Nous pouvons donc prévoir, sans exagération, qu'un jour viendra où notre jeune colonie du Pacifique aura à elle seule près de deux millions d'habitants.

Outre la fertilité de son sol, ses ressources immenses, ses mines innombrables, et surtout ses riches mines d'or, l'on peut affirmer, sans crainte d'être démenti, que notre jeune colonie, avec ses immenses richesses, va sortir de sa stagnation ; elle deviendra, il n'en faut pas douter, la rivale des plus riches cités australiennes.

A part la fertilité de son sol, la Nouvelle-Calédonie possède encore une admirable et magnifique situation pour l'écoulement de ses produits : dans l'ouest, à trois cents lieues, c'est d'abord l'Australie avec ses deux millions d'Européens et sa prodigieuse et extraordinaire rapidité de développement ; au sud, à distance égale, c'est la Nouvelle-Zélande, qui est actuellement transformée, dans toute son étendue, à l'image de l'Europe.

Cette dernière contrée, ainsi que l'Australie méridionale, ne peuvent et ne pourront jamais, à cause de leur climat, produire les denrées coloniales, le sucre et le café, et l'on estime à quarante mille tonnes la quantité de sucre que ces grandes terres vont chercher, soit à Manille, soit à Java, c'est-à-dire à des distances de quinze cents lieues.

L'Australie, dans les points où sa surface est assez voisine de l'équateur pour permettre la culture du sucre et du café, est généralement affligée d'un climat meurtrier ; de même, les archipels qui avoisinent la Nouvelle-Calédonie à l'est et au nord, tels que les

Nouvelles-Hébrides, les Viti, les Salomon, sont tous plus chauds, plus insalubres, et, en tout cas, bien moins explorés que notre jeune colonie.

Il en résulte que celle-ci réunit une foule d'avantages propres à lui assurer un essor rapide.

En résumé, la Nouvelle-Calédonie, avec la fertilité de son sol, ses produits de toutes espèces, son admirable situation commerciale et industrielle, ses immenses richesses minérales de diverses espèces, est assurée d'une supériorité incontestable, et, par conséquent, elle doit et elle prendra, d'après ses dispositions naturelles, le premier rang sur le Pacifique.

XIII

Les traversées lointaines d'aujourd'hui et d'autrefois.

Pour peu que l'on réfléchisse, on est frappé d'étonnement devant le changement qui s'est opéré dans les traversées lointaines d'aujourd'hui.

Si l'on porte son souvenir sur le passé, on est étonné de la rapidité de ces voyages, autrefois si longs et si périlleux. Au commencement de ce siècle, un voyage en Océanie était une très-difficile entreprise; ceux qui en tentaient l'aventure étaient des hommes courageux. D'autres blâmaient leur témérité. Quant aux passagers, ils devaient avoir un courage, une volonté de fer, pour ne point faiblir, pour aller ainsi se jeter sur cet Océan si peu connu à cette époque et si dangereux, pour en essayer les abords. Il n'appartient qu'au civilisateur d'avoir fait ainsi le sacrifice de son existence.

Honneur à ces apôtres intrépides qui ont ainsi parcouru l'univers pour faire retentir d'une extrémité du monde à l'autre les paroles sublimes du Christ, paroles qui ont civilisé les nations les plus barbares !

A la France appartient l'honneur d'avoir aussi parcouru l'immensité, en faisant flotter dans l'espace son drapeau rappelant ses gloires passées; et en même temps elle en a étendu la puisance, en poussant ses conquêtes jusqu'à l'extrémité du monde.

A l'époque dont j'ai parlé, ces voyages lointains

étaient alors sans fin. On ne connaissait pas, comme aujourd'hui, pour en profiter ou les éviter, ces courants de la mer, aussi réguliers dans leur marche que nos fleuves ; la direction et l'intensité des vents dans chaque lieu et chaque moment de l'année étaient loin d'être déterminées comme elles le sont aujourd'hui, c'est-à-dire avec une précision presque mathématique ; on ne savait point non plus éviter les régions des calmes, et on courait le danger, entre les tropiques, d'être laissé en place, immobile comme un rocher, pendant plusieurs mois.

Chose qui paraîtra surprenante, mais dont l'authenticité est constatée, c'est qu'une traversée d'aujourd'hui, de France à la Nouvelle-Calédonie, a été considérablement abrégée, et qu'actuellement, sans pouvoir donner d'une manière positive le nombre de jours nécessaire à la traversée, on peut affirmer que l'on y met trois fois moins de temps qu'autrefois.

Je le répète, ceux qui désireront se rendre à la Nouvelle-Calédonie, au lieu de faire une traversée longue et pénible, accompagnée des dangers, des fatigues et des privations d'autrefois, pourront la comparer à un voyage d'agrément, dans lequel on peut introduire des femmes, des jeunes filles, des enfants, ainsi que le font tous les jours nos voisins d'outre-Manche, qui poussent volontiers leurs promenades en famille jusqu'à nos antipodes.

En résumé, aujourd'hui un voyage en Nouvelle-Calédonie peut être regardé comme une partie de plaisir sur un point quelconque du continent européen.

XIV

De la colonisation. — De son bien-être considéré au point de vue
de la prospérité des nations et des peuples.

Depuis quelques années, on pousse le pays et le gouvernement français vers la colonisation. Ceux qui ont pu par eux-mêmes admirer les richesses, le bien-être, l'ampleur de la vie que procurent les colonies bien placées et bien régies, sont venus le répéter à diverses époques à leurs compatriotes ; mais le mouvement ne marche qu'avec lenteur.

On ne jette pas une nation tout d'un coup dans une nouvelle direction ; il faut d'abord préparer le pays à cette nouvelle existence. C'est par l'éducation première qu'il faut exécuter ces transformations radicales.

Que l'on fasse comprendre que la trop grande agglomération de population dans une cité constitue, pour la classe laborieuse, un malaise qui finit par être pour cette même classe un dépérissement pour son intérêt personnel. La trop grande agglomération de population, je le répète, occasionne pour le prolétaire une concurrence dans la main d'œuvre, et ce mal seul constituera toujours, pour une nation ouvrière, la misère.

Quel remède faut-il appliquer pour faire disparaître la grande misère d'une nation? Le voici : Que l'on s'aperçoive enfin que cette situation dont j'ai parlé conduit toujours à une existence précaire, qu'elle ne permet jamais d'élever ses enfants au degré où on l'a été soi-même ; en un mot, que l'on sache que des générations dans cette position descendent dans l'échelle sociale, pendant que les générations de commerce et d'industrie s'élèvent. Si l'on songe que ce fait évident, qui s'applique à la famille, s'applique aussi aux nations, on aura de suite la raison pour laquelle les peuples commerçants, colonisateurs, ont le plus de bien-être.

La géographie surtout n'est pas assez cultivée chez nous, et vous aurez fait faire un progrès immense à cet esprit de colonisation, si profitable aux intérêts de la classe laborieuse de la nation, en apprenant à la génération actuelle cette science si nécessaire, qui doit être une des bases de son éducation.

Apprenez-lui la situation, le climat, les ressources minérales ou agricoles des pays où l'on émigre ; vous ne verrez plus cet effroi absurde que ressentent beaucoup de gens au seul nom de colonies. C'est qu'une tradition erronée les a habituées à considérer tous ces pays lointains comme le séjour de la mort sous toutes les formes les plus redoutables, la fièvre, les maladies de tous genres, les massacres, la dent des fauves ou des animaux féroces, etc. On ne croira plus également à cette idée fausse, trop répandue, qu'en mettant le pied sur un navire on s'expose aux misères, aux fatigues, aux dangers les plus grands ; on saura qu'un bon navire, ayant un capitaine et un équipage éprouvés, ne se perd pour ainsi dire jamais.

Enfin un changement complet aura lieu, et le Français montrera aux colonies comme ailleurs la supériorité incontestable de sa nature vive, intelligente et sobre ; il fera concurrence à l'universel Anglais, que l'on trouve partout amassant l'or qu'il viendra plus tard dépenser dans nos propres villes, où il aura la primeur des jouissances.

Français ! nos voisins les Anglais, avec leurs colonies, sont parvenus à des fortunes colossales. Il n'appartient qu'à vous de devenir aussi puissants, aussi intrépides et aussi riches qu'eux. Vous le pouvez si vous le voulez, car vos possessions s'étendent jusqu'à l'extrémité du monde.

Si j'ai pu, dans ces quelques pages, aider à inspirer cette noble et généreuse pensée de propager la colonisation, je m'estimerais très-heureux d'avoir fait faire un pas en avant dans cette ère nouvelle de reconstruction sociale, qui sera pour la France une voie inappréciable de progrès et de richesse.

CONCLUSION.

Je pense que le lecteur aura trouvé, dans les quelques pages qu'il vient de parcourir, une lecture instructive et en même temps intéressante.

C'est sous l'impression douloureuse et encore recouvert du deuil que je viens, dans ma douleur, présenter et faire paraître ce travail (1).

J'espère que mes laborieuses recherches et mes longs travaux trouveront dans le cœur des Français une cordiale et sympathique bienveillance.

R.-C.

(1) L'abbé Chatelus est décédé à Toulon (Var) le 26 novembre 1869.

TABLE DES MATIÈRES.

FIN DE LA TABLE.